Osip
Mandelstam

Silentium

For Lena and Sasha

Also by Andrey Kneller:

Wondrous Moment: Selected Poetry of Alexander Pushkin

Evening: Poetry of Anna Akhmatova

Rosary: Poetry of Anna Akhmatova

White Flock: Poetry of Anna Akhmatova

Final Meeting: Selected Poetry of Anna Akhmatova

My Poems: Selected Poetry of Marina Tsvetaeva

Backbone Flute: Selected Poetry of Vladimir Mayakovsky

February: Selected Poetry of Boris Pasternak

Unfinished Flight: Selected Poetry of Vladimir Vysotsky

O, Time…: Selected Poetry of Victoria Roshe

Discernible Sound: Selected Poetry

The Stranger: Selected Poetry of Alexander Blok

Table of Contents

***

Звук осторожный и глухой
Плода, сорвавшегося с древа,
Среди немолчного напева
Глубокой тишины лесной...

1908

***

The careful muffled sound of fruit
That plummets, broken from a tree,
Amid the constant melody
Of the deep silence of the wood...

1908

***

Сусальным золотом горят
В лесах рождественские елки;
В кустах игрушечные волки
Глазами страшными глядят.

О, вещая моя печаль,
О, тихая моя свобода
И неживого небосвода
Всегда смеющийся хрусталь!

1908

***

The Christmas trees of tinsel gold
Out of the depths of forests blaze;
Behind the bushes, toy wolves gaze
With eyes so frightening and cold.

My grief – prophetic, pertinent,
My freedom - quieted and distant,
And ever-laughing, mocking crystal -
A numb and lifeless firmament.

1908

***

Из полутемной залы, вдруг,
Ты выскользнула в легкой шали -
Мы никому не помешали,
Мы не будили спящих слуг...

1908

***

Out of the half-lit great hall, fervent,
You slipped out in a wispy shawl -
We didn't stir a single soul,
We didn't wake the sleeping servants...

1908

***

Только детские книги читать,
Только детские думы лелеять.
Все большое далеко развеять,
Из глубокой печали восстать.

Я от жизни смертельно устал,
Ничего от нее не приемлю,
Но люблю мою бедную землю,
Оттого, что иной не видал.

Я качался в далеком саду
На простой деревянной качели,
И высокие темные ели
Вспоминаю в туманном бреду.

1908

***

Only children's books to read,
Only children's thoughts to cherish,
All mature things to disparage,
Make the deepest grief recede.

Life's become a deathly bother,
There is nothing to amend,
But I love my meager land,
For I've not seen any other.

On a wooden swing, immersed,
Long ago, I'd swing in bliss,
Frenzied now, I reminisce
Of those towering dark firs.

1908

***

Невыразимая печаль
открыла два огромных глаза,
цветочная проснулась ваза
и выплеснула свой хрусталь.

Вся комната напоена
истомой – сладкое лекарство!
Такое маленькое царство
так много поглотило сна.

Немного красного вина,
немного солнечного мая –
и, тоненький бисквит ломая,
тончайших пальцев белизна.

1909

***

Such an unutterable woe
Her two enormous eyes had opened,
The flower vase arose, awoken,
And spilled its crystal to the floor.

The room is sated now completely
With languor – sweetest remedy!
Such tiny kingdom presently
Devoured so much sleep, so swiftly.

A little sip of deep red wine,
A little sun in May, awaking,
And, brittle biscuits gently breaking,
The slimmest fingers' faintest white.

1909

***

Ни о чём не нужно говорить,
Ничему не следует учить,
И печальна так и хороша
Тёмная звериная душа:

Ничему не хочет научить,
Не умеет вовсе говорить
И плывёт дельфином молодым
По седым пучинам мировым.

Декабрь 1909, Гейдельберг

***

No need to speak at any rate,
One ought to never educate,
It's sad, and beautiful in part, -
The wild animal's dark heart:

It feels no urge to educate,
It cannot speak at any rate,
It dives, a dolphin, young and bold,
Into the gray depths of the world.

December 1909, Heidelberg

***

Дано мне тело — что мне делать с ним,
Таким единым и таким моим?

За радость тихую дышать и жить
Кого, скажите, мне благодарить?

Я и садовник, я же и цветок,
В темнице мира я не одинок.

На стекла вечности уже легло
Мое дыхание, мое тепло.

Запечатлеется на нем узор,
Неузнаваемый с недавних пор.

Пускай мгновения стекает муть —
Узора милого не зачеркнуть.

1909

***

I was given a body – what to do with it now,
One so unique and my own somehow?

For this quiet joy, to breathe and to be,
Whom should I thank, somebody tell me?

I'm the gardener, I'm the flower as well,
I'm not alone in world's dungeon cell.

On the glass of eternity, I've already left
A mark of my warmth, a mark of my breath.

And on its surface, a pattern is made
Unrecognizable still of late.

Let the cloudiness of the moments cascade –
The lovely pattern will never fade.

1909

Silentium

Она еще не родилась,
Она и музыка и слово.
И потому всего живого
Ненарушаемая связь.

Спокойно дышат моря груди,
Но, как безумный, светел день.
И пены бледная сирень
В мутно-лазоревом сосуде.

Да обретут мои уста
Первоначальную немоту —
Как кристаллическую ноту,
Что от рождения чиста!

Останься пеной, Афродита,
И слово в музыку вернись,
И сердце сердца устыдись,
С первоосновой жизни слито!

1910

Silentium

She wasn't born just quite yet,
She's both, the music and the word,
Which links the living of the world,
Unbreakable and permanent.

The sea is breathing calmly, nestled,
But wildly shines the light of day.
The lilac of the foaming spray
Is in its turbid-azure vessel.

O, may my lips someday attain
The primal muteness that I've sought -
That's like a flawless crystal note,
Its purity - from birth sustained.

Remain as foam, O, Aphrodite,
And let no word from music part,
Let heart become ashamed of heart,
With origins of life fused tightly!

1910

Раковина

Быть может, я тебе не нужен,
Ночь; из пучины мировой,
Как раковина без жемчужин,
Я выброшен на берег твой.

Ты равнодушно волны пенишь
И несговорчиво поешь,
Но ты полюбишь, ты оценишь
Ненужной раковины ложь.

Ты на песок с ней рядом ляжешь,
Оденешь ризою своей,
Ты неразрывно с нею свяжешь
Огромный колокол зыбей,

И хрупкой раковины стены,
Как нежилого сердца дом,
Наполнишь шепотами пены,
Туманом, ветром и дождем...

1911

Shell

Night, maybe you don't need me,
From the world's deep swells,
The frenzied sea had heaved me,
To you, a pearl-less shell.

Indifferently, without regard,
You froth the seas and sing,
But you will learn, with all your heart,
To love this needless thing.

Together, on the sand, you'll lie,
Your chasuble around it,
Forever, with it, you will tie
The surge's bell resounding,

And like unoccupied heart's home,
You'll fill the fragile shell
With wind, with whispers of the foam,
And fog, and rain as well…

1911

***

Из омута злого и вязкого
Я вырос, тростинкой шурша, —
И страстно, и томно, и ласково
Запретною жизнью дыша.

И никну, никем не замеченный,
В холодный и топкий приют,
Приветственным шелестом встреченный
Коротких осенних минут.

Я счастлив жестокой обидою,
И в жизни, похожей на сон,
Я каждому тайно завидую
И в каждого тайно влюблен.

1910

***

With the evil swamp beneath me,
Reed-like, rustling, I thrived -
Keenly, languidly, and sweetly,
I breathed in forbidden life.

As I droop, ignored completely,
Deep into my cold asylum,
Short autumnal minutes greet me
With a rustle, almost silent.

I'm content, insulted deeply,
Life is dream-like on the whole,
And I envy men discreetly,
And discreetly love them all.

1910

***

Душный сумрак кроет ложе,
Напряженно дышит грудь...
Может, мне всего дороже
Тонкий крест и тайный путь.

1910

***

Dusk descended, stifling, hellish,
It takes effort to inhale…
Maybe, most of all, I cherish
My thin cross and secret trail.

1910

***

Сегодня дурной день:
Кузнечиков хор спит,
И сумрачных скал сень –
Мрачней гробовых плит.

Мелькающих стрел звон
И вещих ворон крик...
Я вижу дурной сон,
За мигом летит миг.

Явлений раздвинь грань,
Земную разрушь клеть
И яростный гимн грянь –
Бунтующих тайн медь!

О, маятник душ строг –
Качается глух, прям,
И страстно стучит рок
В запертую дверь к нам...

1911

***

Today is a dreadful day:
Grasshoppers don't intone,
The shadowy cliffs' gray –
Is grimmer than gravestones.

A ringing as arrows stream,
Oracular crows' cries…
I'm seeing a dreadful dream,
Moment by moment flies.

Make phenomena disperse,
Demolish the earth's cage,
Let furious hymns burst –
The brass of the secrets' rage.

The pendulum of souls rocks –
Oblivious, straight, coarse,
And frightfully fate knocks
Into our locked doors…

1911

***

Как кони медленно ступают,
Как мало в фонарях огня!
Чужие люди, верно, знают,
Куда везут они меня.

А я вверяюсь их заботе,
Мне холодно, я спать хочу;
Подбросило на повороте
Навстречу звездному лучу.

Горячей головы качанье,
И нежный лед руки чужой,
И темных елей очертанья,
Еще невиданные мной.

1911

***

The horses are sauntering, slow,
The lanterns give off little light!
These strange men surely must know
Where I will be taken tonight.

I'm starting to trust their concern,
Cold, sleepy and totally spent;
I'm jolted and thrown on a turn
To the beam of the star overhead.

My forehead's feverish lurching,
And cold hands comforting me,
And outlines of shadowy fir-trees,
The ones that I've yet to see.

1911

***

Скудный луч холодной мерою
Сеет свет в сыром лесу.
Я печаль, как птицу серую,
В сердце медленно несу.

Что мне делать с птицей раненой?
Твердь умолкла, умерла.
С колокольни отуманенной
Кто-то снял колокола.

И стоит осиротелая
И немая вышина,
Как пустая башня белая,
Где туман и тишина...

Утро, нежностью бездонное,
Полуявь и полусон —
Забытье неутоленное —
Дум туманный перезвон...

1911

***

In the soggy woods, a ray
Sows a cool and meager glow.
Sorrow, like a bird of gray
Is in my heart, I'm walking slow.

Wounded bird, what's in my power?
The deathly silent sky repels.
From the clouded bell-tower,
Someone's taken down the bells.

And there it rises up - the height -
Orphaned, mute and in a daze,
Like an empty tower of white,
Occupied by silence, haze...

Morning, gentle - far and wide,
Dreaminess and its persistence -
Drowsiness unsatisfied –
Foggy thoughts chime in the distance…

1911

***

Я ненавижу свет
Однообразных звезд.
Здравствуй, мой давний бред, —
Башни стрельчатый рост!

Кружевом, камень, будь
И паутиной стань,
Неба пустую грудь
Тонкой иглою рань.

Будет и мой черед —
Чую размах крыла.
Так — но куда уйдет
Мысли живой стрела?

Или свой путь и срок
Я, исчерпав, вернусь:
Там — я любить не мог,
Здесь — я любить боюсь...

1912

***

I loathe the light of the cold
Monotonous stars at night.
Welcome, delirium of old, -
The sagittate tower's height!

Turn into lace, stone slab,
And into a web be pressed.
With your pointed needle, stab
The firmament's empty breast.

My turn will come all the same –
I'm sensing my wings grow taut.
So be it – but where is it aimed, -
The arrow of living thought?

Else, out of time, I'll repair
Home, depleted and rough:
I couldn't feel love – there,
Here – I'm afraid to love…

1912

***

От легкой жизни мы сошли с ума:
С утра вино, а вечером похмелье.
Как удержать напрасное веселье,
Румянец твой, о нежная чума?

В пожатьи рук мучительный обряд,
На улицах ночные поцелуи,
Когда речные тяжелеют струи
И фонари, как факелы, горят.

Мы смерти ждем, как сказочного волка,
Но я боюсь, что раньше всех умрет
Тот, у кого тревожно-красный рот
И на глаза спадающая челка.

Ноябрь 1913

***

From easy life, we're in a mindless daze:
Wine in the day, hung-over in the night.
How to retain this pointless delight,
O gentle plague, the red flush of your face?

In every handshake, a tormenting rite,
And in the evening kisses on the town,
When rivers become heavy and slow down,
And lanterns blaze, like torches, in the night.

We wait for death, a wolf in a disguise,
Of all of us, he'll perish first, I fret,
The one, whose lips are always worried-red
Whose bangs hang down, covering his eyes.

November 1913

***

Есть иволги в лесах, и гласных долгота
В тонических стихах единственная мера,
Но только раз в году бывает разлита
В природе длительность, как в метрике Гомера.

Как бы цезурою зияет этот день:
Уже с утра покой и трудные длинно́ты,
Волы на пастбище, и золотая лень
Из тростника извлечь богатство целой ноты.

1914

***

Orioles in the woods, and the length of vowels
Is the only measure of tonic verse, moreover,
Only once each year does nature pour out
The full-drawn length, like in the metrics of Homer.

This day yawns with a caesura's silence:
Since dawn there is peace and longueurs repeat,
Oxen in the pastures, and golden idleness
To draw a full note's richness from a reed.

1914

***

Природа — тот же Рим и отразилась в нем.
Мы видим образы его гражданской мощи
В прозрачном воздухе, как в цирке голубом,
На форуме полей и в колоннаде рощи.

Природа — тот же Рим, и, кажется, опять
Нам незачем богов напрасно беспокоить —
Есть внутренности жертв, чтоб о войне гадать,
Рабы, чтобы молчать, и камни, чтобы строить!

1914

***

Nature - is Rome and it's reflected there.
We see its civic might and grandeur that it yields,
Like in an azure circus, in the transparent air,
In colonnades of groves, in forums of the fields.

Nature – is Rome, and now, just like before,
There is no need to bother gods and pray –
We have the sacrifice to prophesy the war,
Slaves, to keep silent; and the stones, to lay!

1914

***

Уничтожает пламень
Сухую жизнь мою,
И ныне я не камень,
А дерево пою.

Оно легко и грубо,
Из одного куска
И сердцевина дуба,
И весла рыбака.

Вбивайте крепче сваи,
Стучите, молотки,
О деревянном рае,
Где вещи так легки.

1914

***

A flame has overthrown
This dried up life of mine,
I sing not of the stone,
But of the tree this time.

It's light and also coarse,
Both, from a single chunk -
The fisherman's wood oars,
And oak tree's living trunk.

Let sturdy pillars rise,
Sing, hammers, in the night,
Of wooden paradise,
Where everything is light.

1914

***

Бессонница. Гомер. Тугие паруса.
Я список кораблей прочел до середины:
Сей длинный выводок, сей поезд журавлиный,
Что над Элладою когда-то поднялся.

Как журавлиный клин в чужие рубежи —
На головах царей божественная пена —
Куда плывете вы? Когда бы не Елена,
Что Троя вам одна, ахейские мужи?

И море, и Гомер — все движется любовью.
Кого же слушать мне? И вот Гомер молчит,
И море черное, витийствуя, шумит
И с тяжким грохотом подходит к изголовью.

Август 1915

***

Insomnia. Homer. The sails - stretched out.
I've read the catalogue of ships halfway:
This lengthy brood, this train of cranes
That soared from Hellas up into the clouds.

A wedge of cranes toward a foreign land –
The heads of kings sprayed by foam of heaven -
What's Troy to you, if not the home of Helen,
Where are you sailing, Achaean men?

The sea and Homer – all are moved by love.
Whom should I heed? Now Homer has grown mute,
Black sea, orating, nears me, resolute,
And thunders by my headboard, loud and rough.

August, 1915

***

На страшной высоте блуждающий огонь!
Но разве так звезда мерцает?
Прозрачная звезда, блуждающий огонь, —
Твой брат, Петрополь, умирает!

На страшной высоте земные сны горят,
Зеленая звезда летает.
О, если ты звезда, — воды и неба брат, —
Твой брат, Петрополь, умирает!

Чудовищный корабль на страшной высоте
Несется, крылья расправляет...
Зеленая звезда, — в прекрасной нищете
Твой брат, Петрополь, умирает.

Прозрачная весна над черною Невой
Сломалась, воск бессмертья тает...
О, если ты звезда, — Петрополь, город твой,
Твой брат, Петрополь, умирает!

1918

***

At a frightful height, a wandering light!
But is it a star that we're eyeing?
O, transparent star, o, wandering light, -
Petropolis, your brother, is dying!

Earthly dreams blaze so frightfully high,
A green star is glimmering, sighing.
If you're a star, - the brother of water and sky, -
Petropolis, your brother, is dying!

A monstrous ship at the frightful height
Is spreading its wings and flying...
O, star, in beautiful poverty, far and wide,
Petropolis, you brother is dying.

Above the dark Neva, a clear spring is cracked,
Immortality's wax - liquefying.
If you're a star, - your city's turned black,
Petropolis, your brother, is dying!

1918

Tristia

Я изучил науку расставанья
В простоволосых жалобах ночных.
Жуют волы, и длится ожиданье —
Последний час вигилий городских,
И чту обряд той петушиной ночи,
Когда, подняв дорожной скорби груз,
Глядели вдаль заплаканные очи
И женский плач мешался с пеньем муз.

Кто может знать при слове «расставанье»
Какая нам разлука предстоит,
Что нам сулит петушье восклицанье,
Когда огонь в акрополе горит,
И на заре какой-то новой жизни,
Когда в сенях лениво вол жуёт,
Зачем петух, глашатай новой жизни,
На городской стене крылами бьёт?

И я люблю обыкновенье пряжи:
Снуёт челнок, веретено жужжит.
Смотри, навстречу, словно пух лебяжий,
Уже босая Делия летит!
О, нашей жизни скудная основа,
Куда как беден радости язык!
Всё было встарь, всё повторится снова,
И сладок нам лишь узнаванья миг.

Да будет так: прозрачная фигурка
На чистом блюде глиняном лежит,
Как беличья распластанная шкурка,
Склонясь над воском, девушка глядит.

Не нам гадать о греческом Эребе,
Для женщин воск, что для мужчины медь.
Нам только в битвах выпадает жребий,
А им дано гадая умереть.

1918

Tristia

I've learned the art of parting in the midst
Of open-headed lamentations in the night.
The oxen graze, and so the wait persists –
The end of city vigil is in sight,
I'm honoring the cockerel night tradition,
When, taking up road's sorrow in travail,
The tear-stained eyes gazed off with premonition
And muses' song fused with a woman's wail.

And who could ever know, on hearing "parting,"
What sort of separation we would face,
What sort of wisdom was the cock imparting,
As flames in the acropolis would blaze,
And in the dawning of some brand new life,
Just as an ox chews lazily in his stall,
Why did the cock, the herald of the new life,
Beat with his wings, atop the city wall?

I love simplicity of weaving; round and round,
The shuttle turns, the spindle hums anew.
Look there, ahead, as if the swan's white down,
The barefoot Dalia is soaring towards you!
Our life is poor and meager at its core,
The language of our joy is insufficient!
All's happened once, all will repeat once more,
The sole delight - a flash of recognition.

So let it be: a shape, transparent, round,
Lies in the middle of a clean clay plate,
And, like a squirrel's pelt stretched out,
A girl looks at the molten wax, dismayed.

The Grecian Erebus is not for us to guess.
Warm wax for women is like bronze for men.
Our fate is cast in battles, not at rest.
But they will die, divining till the end.

1918

***

Я наравне с другими
Хочу тебе служить,
От ревности сухими
Губами ворожить.
Не утоляет слово
Мне пересохших уст,
И без тебя мне снова
Дремучий воздух пуст.

Я больше не ревную,
Но я тебя хочу,
И сам себя несу я,
Как жертву, палачу.
Тебя не назову я
Ни радость, ни любовь.
На дикую, чужую
Мне подменили кровь.

Еще одно мгновенье,
И я скажу тебе:
Не радость, а мученье
Я нахожу в тебе.
И, словно преступленье,
Меня к тебе влечет
Искусанный в смятеньи
Вишневый нежный рот.

Вернись ко мне скорее,
Мне страшно без тебя,
Я никогда сильнее
Не чувствовал тебя,

И все, чего хочу я,
Я вижу наяву.
Я больше не ревную,
Но я тебя зову.

1920

***

Like other men, transfixed,
I want to serve you zealously,
Tell fortunes with the lips
Completely dry from jealousy.
A word does not suppress
This dryness spreading through,
Dense air is emptiness
For me without you.

I want you now so awfully,
No longer jealous-green,
I bring myself as offering
Up to the guillotine.
I will not call you ever
My love, my joy - it's mad,
A blood so strange and feral
Replaced the one I had.

In just another moment,
I'll speak my mind to you:
Not happiness, but torment
Is all I find in you.
As if by crime's compulsion,
I'm drawn and can't resist,
By, bitten in commotion,
Your cherry gentle lips.

I'm scared alone so rush here,
Return here, I implore,
I've never, with such passion,
Perceived you thus before.

All that I crave I see
Now coming into view,
I've lost my jealousy,
And I am calling you.

1920

***

Умывался ночью на дворе.
Твердь сияла грубыми звездами.
Звёздный луч — как соль на топоре.
Стынет бочка с полными краями.

На замок закрыты ворота,
И земля по совести сурова.
Чище правды свежего холста
Вряд ли где отыщется основа.

Тает в бочке, словно соль, звезда,
И вода студёная чернее.
Чище смерть, солонее беда,
И земля правдивей и страшнее.

1921

***

I washed myself in the yard late.
Coarse stars made the sky glow.
Starlight – salt on an axe-blade.
The barrel, brimming full, cooled off.

The outside gates are all clasped,
The earth's harshness is nonesuch.
No foundation is as pure as
A canvas still fresh, untouched.

A star, like a grain of salt, melts,
The water's darker in the cold night.
Death is purer, trouble - more felt,
Earth - more frightening and forthright.

1921

***

Холодок щекочет темя,
И нельзя признаться вдруг, —
И меня срезает время,
Как скосило твой каблук.

Жизнь себя перемогает,
Понемногу тает звук,
Все чего-то не хватает,
Что-то вспомнить недосуг.

А ведь раньше лучше было,
И, пожалуй, не сравнишь,
Как ты прежде шелестила,
Кровь, как нынче шелестишь.

Видно, даром не проходит
Шевеленье этих губ,
И вершина колобродит,
Обреченная на сруб.

1922

***

The scalp is tingling all around
From the chill, what can I do, -
As the time now cuts me down
Like the heel right off your shoe.

Life is overwhelming life,
Sound is melting, bit by bit,
Something's off, I feel deprived,
With no time to harp on it.

Life was better, was it not?
No comparing, anyway,
How you rustled once, my blood, -
How you're rustling today.

It appears that one must pay
For the movement of the lips,
And the tree-tops freely sway
As the axe awaits, eclipsed.

1922

Ленинград

Я вернулся в мой город, знакомый до слез,
До прожилок, до детских припухлых желез.

Ты вернулся сюда, - так глотай же скорей
Рыбий жир ленинградских речных фонарей.

Узнавай же скорее декабрьский денек,
Где к зловещему дегтю подмешан желток.

Петербург, я еще не хочу умирать:
У тебя телефонов моих номера.

Петербург, у меня еще есть адреса,
По которым найду мертвецов голоса.

Я на лестнице черной живу, и в висок
Ударяет мне вырванный с мясом звонок.

И всю ночь напролет жду гостей дорогих,
Шевеля кандалами цепочек дверных.

1930

Leningrad

I've returned to my city, it's familiar in truth
To the tears, to the veins, swollen glands of my youth.

You are here once again, – quickly gulp in a trance
The fish oil of Leningrad's riverside lamps.

Recognize this December day from afar,
Where an egg yolk is mixed with the sinister tar.

I'm not willing yet, Petersburg, to perish in slumber:
It is you who retains all my telephone numbers.

I have plenty of addresses, Petersburg, yet,
Where I'm certain to find the voice of the dead.

In the dark of the staircase, my temple is threshed
By the knocker ripped out along with the flesh.

All night long, I await my dear guests like before
As I shuffle the shackles of the chains on the door.

1930

***

После полуночи сердце ворует
Прямо из рук запрещенную тишь.
Тихо живет — хорошо озорует,
Любишь — не любишь: ни с чем не сравнишь...

Любишь — не любишь, поймешь — не поймаешь.
Не потому ль, как подкидыш, молчишь,
Что пополуночи сердце пирует,
Взяв на прикус серебристую мышь?

Март 1931

***

After midnight, the heart pinches away
Right from your hands the prohibited silence.
From living in quiet – to mischievous play,
Like it or not, but it's without rivals…

Love – love it not, can't clasp it once grasped.
Hushed like a foundling, you're in a drowse,
Is it because the heart is feasting, at last,
As it savors the taste of the silvery mouse?

March 1931

***

За гремучую доблесть грядущих веков,
За высокое племя людей
Я лишился и чаши на пире отцов,
И веселья, и чести своей.

Мне на плечи кидается век-волкодав,
Но не волк я по крови своей,
Запихай меня лучше, как шапку, в рукав
Жаркой шубы сибирских степей.

Чтоб не видеть ни труса, ни хлипкой грязцы,
Ни кровавых кровей в колесе,
Чтоб сияли всю ночь голубые песцы
Мне в своей первобытной красе,

Уведи меня в ночь, где течет Енисей
И сосна до звезды достает,
Потому что не волк я по крови своей
И меня только равный убьет.

17-18 марта 1931

***

For the thundering valor of ages to come,
For the mankind's high lofty tribe,
At the feast of the fathers, I'm stripped of my cup,
Of the merriment, honor and pride.

The century-wolfhound leaps for my throat,
But my blood is not that of a wolf,
Stuff me, a hat, up the sleeve of the coat
Of the warm Siberian wool.

Let me never again see cowards or mire,
Or the bloodied bones in a wheel,
May the blue foxes shine for me to admire
With their primitive primal appeal,

Take me into the night where the Yenisei cools
And the pines reach the firmament, stately,
For my blood, after all, is not that of a wolf
And none but an equal can slay me.

March 17-18, 1931

***

Мы живём, под собою не чуя страны,
Наши речи за десять шагов не слышны,
А где хватит на полразговорца,
Там припомнят кремлёвского горца.
Его толстые пальцы, как черви, жирны,
А слова, как пудовые гири, верны,
Тараканьи смеются усища,
И сияют его голенища.

А вокруг него сброд тонкошеих вождей,
Он играет услугами полулюдей.
Кто свистит, кто мяучит, кто хнычет,
Он один лишь бабачит и тычет,
Как подкову, кует за указом указ:
Кому в пах, кому в лоб, кому в бровь, кому в глаз.
Что ни казнь у него - то малина
И широкая грудь осетина.

Ноябрь 1933

***

We live, with no sense of the country beneath,
At ten paces, our speeches cannot be perceived,
But whenever we can, we whisper in terror
Of the kremlin mountain dweller.
His fingers are thick and fat like the worms
And heavy like weights is the force of his words,
His cockroach mustache is sneering outright,
And his boot-tops are shimmering bright.

His skinny-necked leaders surround him, nervous,
He plays with these half-men, who stand at his service.
Whistling, crying or meowing, they linger,
But he alone bellows and points his finger,
Like horseshoes, he forges decrees line by line,
Which he casts at one's groin, forehead and spine.
Every killing for him is a berry delight,
And the chest of the Osette is wide.

November, 1933

***

Не говори никому,
Всё, что ты видел, забудь —
Птицу, старуху, тюрьму
Или ещё что-нибудь.

Или охватит тебя,
Только уста разомкнешь,
При наступлении дня
Мелкая хвойная дрожь.

Вспомнишь на даче осу,
Детский чернильный пенал
Или чернику в лесу,
Что никогда не сбирал.

Октябрь 1930

***

Do not share a single detail,
All that you saw, forget –
Bird, old woman, and jail
And everything else in your head.

Else, you will certainly shake,
On parting your lips to utter,
Just as the daylight breaks,
In a coniferous shudder.

The pencil case, the wasp
Will surface. You'll recall
The berries which, alas,
You've never picked at all.

October 1930

***

Это какая улица?
Улица Мандельштама.
Что за фамилия чертова -
Как ее ни вывертывай,
Криво звучит, а не прямо.

Мало в нем было линейного,
Нрава он был не лилейного,
И потому эта улица,
Или, верней, эта яма
Так и зовется по имени
Этого Мандельштама...

Апрель 1935

***

What street is this?
Mandelstam, mister.
O, let it be damned -
No matter how you spin this name,
It sounds not straight, but twisted.

There was little of him that was linear.
His disposition in life wasn't lily-like,
And that's why this street,
Or, more correctly, this slum,
Goes by the name
Mandelstam…

April 1935

***

О, как же я хочу,
Нечуемый никем,
Лететь вослед лучу,
Где нет меня совсем!

А ты в кругу лучись, —
Другого счастья нет,
И у звезды учись
Тому, что значит свет.

Он только тем и луч,
Он только тем и свет,
Что шепотом могуч
И лепетом согрет.

И я тебе хочу
Сказать, что я шепчу,
Что шепотом лучу
Тебя, дитя, вручу.

1937

***

If I could have my way,
Unnoticed, I would flee
To fly after a ray,
Where I could never be!

But you shine in an orb -
There is no other bliss,
And from the star absorb
What light precisely is.

This gives the ray its form,
This turns light into light,
That prattle keep it warm,
That whispers give it might.

I'm whispering to say
To you that I, today,
In whisper, give away,
You, darling, to the ray.

1937

***

В лицо морозу я гляжу один,—
Он—никуда, я—ниоткуда,
И все утюжится, плоится без морщин
Равнины дышащее чудо.

А солнце щурится в крахмальной нищете,
Его прищур спокоен и утешен,
Десятизначные леса—почти что те...
А снег хрустит в глазах, как чистый хлеб безгрешен.

1937

***

I stare into the face of the frost, we remain -
It – nowhere bound, I – from nowhere,
And the breathing marvel of the spreading plain
Irons and weaves itself over and over.

Meanwhile, the sun squints in starched poverty,
His squint is calm, no longer upset,
The ten-fold forests remind me somberly…
The snow crunches in the eyes, sinless like pure bread.

1937

Osip Mandelstam (January 15, 1891 – December 27, 1938) was a Russian poet and essayist, and a founding member of Acmeist school of Russian poetry. He is considered by many to be one of the most significant Russian poets of the twentieth century, along with Anna Akhmatova, Boris Pasternak, and Marina Tsvetaeva. Heavily censored and persecuted by the Soviet authorities for counter-revolutionary activities, he spent most of his later years in exile, until his death in Siberia.

Printed in Great Britain
by Amazon